Roseane Gomes Barbosa

São Roque

Novena e biografia

Citações bíblicas: *Tradução da CNBB, 2001.*

Editora responsável: *Andréia Schweitzer*
Equipe editorial

Nenhuma parte desta obra poderá ser reproduzida ou transmitida por qualquer forma e/ou quaisquer meios (eletrônico ou mecânico, incluindo fotocópia e gravação) ou arquivada em qualquer sistema ou banco de dados sem permissão escrita da Editora. Direitos reservados.

Paulinas

Rua Dona Inácia Uchoa, 62
04110-020 – São Paulo – SP (Brasil)
Tel.: (11) 2125-3500
http://www.paulinas.org.br – editora@paulinas.com.br
Telemarketing e SAC: 0800-7010081

© Pia Sociedade Filhas de São Paulo – São Paulo, 2016

Introdução

Em tempos de epidemias e doenças as pessoas sentem a necessidade não só de curar suas enfermidades, mas também de um alento para os seus sofrimentos espirituais. Curar o corpo e o espírito: assim Jesus curava as pessoas que a ele recorriam. É com o mesmo desejo de ter restituída a vida em sua plenitude que os cristãos, ao longo da história, pediram a intercessão de muitos santos e santas na realização de graças e milagres.

E não poderia ser diferente na vida de São Roque, ele que viveu no contexto histórico marcado pela *peste negra*, que afligiu grande parte da população durante a Idade Média.

Roque foi um peregrino que, em todas as cidades por onde passou, graças à sua bondade e fé, não mediu esforços para ajudar as pessoas contaminadas pela *peste bubônica*. E não hesitou em arriscar a própria vida, pois ele mesmo, no contato com os doentes, também contraiu a peste, sem, no entanto, deixar de confiar em Deus, que jamais o desamparou.

São Roque, mesmo sem termos uma biografia exata, pois sua vida é permeada de narrativas lendárias, é um entre os muitos santos cuja fama chegou até nós por meio de histórias que sustentam a fé de muitos que a eles recorrem em busca de cura para suas enfermidades.

Lenda ou não, seu exemplo de vida dedicada aos pobres e aos doentes, bem como o seu testemunho de fé e discipulado, nos ajuda a colocarmo-nos a serviço dos mais necessitados com grande caridade e dedicação.

Nos dias desta novena faremos memória dos fatos principais que marcaram a vida de São Roque, tais como sua família e sua dedicação aos doentes, até a sua morte na prisão, sempre relacionando tais fatos com a nossa vida.

São Roque, considerado o protetor contra pestes e epidemias, é festejado em 16 de agosto.

Narrativa biográfica de São Roque

Não temos muitas informações sobre a vida de São Roque, mas o que chegou até nós é que ele deve ter nascido na primeira metade do século XIV, na cidade francesa de Montpellier. Era filho de um mercador de nome João, que exercia a função de governador da cidade, e sua mãe chamava-se Libéria.

Conta-se que seus pais não tinham filhos. Aflitos por tal situação, suplicaram ao Senhor por um descendente, e tal pedido não tardou a ser atendido: logo lhes nasceu Roque. Ao nascer, o menino trouxe no peito uma mancha em forma de cruz, e muitos viram nisso uma alusão ao que Roque se tornaria quando adulto, um autêntico cristão.

Não se sabe ao certo qual era o seu primeiro nome, pois Roque pode referir-se ao nome de sua família ou mesmo fazer alusão a um apelido ou outro tipo de associação, uma vez que Roque também significa rocha. Ao que tudo indica, sua família gozava de boa condição econômica, o que provavelmente propiciou a Roque certa tranquilidade em seus primeiros anos de vida. Não temos informações sobre a sua formação, mas, baseados na situação econômica de sua família, Roque certamente deve ter recebido uma boa educação, como era comum aos filhos de famílias ricas.

Sua vida serena e tranquila foi abalada pela morte do pai, e alguns anos depois Roque também perdeu a mãe. Segundo dizem, por ser filho único Roque herdou todos os bens da família. Entretanto, mesmo sendo favorecido com os bens materiais, Roque tinha um espírito despojado e caridoso, que o fazia olhar para os necessitados com o mesmo olhar amoroso de Cristo. Após a morte dos pais, Roque decidiu repartir sua herança com os pobres e assumiu a vida de peregrino.

Peregrinar em plena Idade Média não era algo fácil ou mesmo seguro. Os perigos eram muitos, em decorrência das guerras, dos assaltantes, da precariedade das estradas, bem como das cidades, que sofriam com a falta de condições salubres para se viver, o que facilitava a disseminação de pestes e doenças – como a *peste negra* ou *bubônica*, que se alastrou pela Europa naquele período.

Roque desejava ir a Roma e se pôs a peregrinar, passando por várias cidades e regiões. Em seu trajeto ele encontrou muitas pessoas sofrendo por causa da peste, de modo que Roque não hesitou em prestar-lhes assistência e cuidados sem temer o risco de ser contaminado. Ao chegar à cidade de Acquapendente, província de Viterbo, Roque se dedicou ao trabalho voluntário, cuidando dos doentes, e foi aí que sua fé se tornou mais evidente, não tardando muito para que as pessoas lhe atribuíssem a fama de santo em decorrência das curas realizadas no contato com os enfermos que encontrava pelo caminho.

No trajeto de volta para Montpellier, quando se encontrava na cidade de Piacenza, Roque contraiu a peste. A fim de que ninguém fosse contaminado pela doença, ele se retirou para um lugar afastado da cidade. Mas a Providência Divina não o abandonou e Roque não ficou sozinho, pois um cachorro trazia-lhe diariamente um pão para alimentá-lo.

O cachorro que alimentava Roque pertencia a Gottardo Pallastrelli, um homem rico que não hesitou em cuidar de sua enfermidade. A cura de Roque aconteceu de forma milagrosa, de modo que ele pôde retomar a viagem rumo à sua terra natal. Todavia, em tempos de guerra, algo imprevisível ocorreu no caminho: Roque, inesperadamente, foi acusado de ser um espião, e por tal acusação foi preso. Segundo reza a tradição, ele ficou preso por cinco anos e morreu na prisão. Não sabemos ao certo nem o local nem a data de sua morte, no entanto, os seus testemunhos de fé, esperança e amor perduram até os dias de hoje.

PRIMEIRO DIA
A família, nossa origem

Saudação inicial

A vós, graça e paz, da parte de Deus, nosso Pai, e do Senhor Jesus Cristo (Fl 1,2).

Em nome do Pai, do Filho e do Espírito Santo. Amém.

Leitura bíblica

Havia um sacerdote, chamado Zacarias. Ele e sua esposa, Isabel, não tinham filhos, pois Isabel era estéril, e os dois tinham idade avançada. Apareceu-lhe, então, o anjo do Senhor, de pé, à direita do altar do incenso. O anjo lhe disse: "Não tenhas medo, Zacarias, porque o Senhor ouviu o teu pedido. Isabel, tua esposa, vai te dar um filho, e tu lhe porás o nome de João.

Ficarás alegre e feliz, e muitos se alegrarão com seu nascimento" (Lc 1,5.7.11-14).

Recordação da vida

Neste momento da sua oração, faça memória das pessoas doentes para as quais você deseja pedir a intercessão de São Roque, dizendo: Ó Senhor! Se for da vossa vontade, pela intercessão de São Roque, restituí a saúde desse(a) nosso(a) irmão(ã) que sofre (*dizer o nome*). Amém!

Reflexão

São Roque nasceu em uma família que o acolheu e proporcionou-lhe todas as condições de uma vida saudável e feliz.

- Pense na sua família. Certamente você perceberá que ela não é perfeita, mas sem dúvida nela existem pessoas que o amam de verdade.
- Agradeça a Deus pela família que você tem.

Oração a São Roque

(*Para pedir a cura das enfermidades.*)

Ó glorioso São Roque, tu que dedicaste a vida ao cuidado das vítimas da peste, alcança-nos de Cristo a graça de seguir o teu exemplo na assistência aos irmãos que padecem, para que, assim como tu fizeste, nós possamos cuidar dos irmãos que sofrem servindo-os sempre com amor e generosidade.

Rogamos a ti que auxilies os que estão acometidos por alguma enfermidade (*nome da pessoa doente*) em sua busca por um tratamento digno. Ilumina os médicos no acompanhamento dos doentes, a fim de que não tratem somente a doença, mas acompanhem a pessoa integralmente com dignidade e respeito. São Roque, protege os doentes e alivia os seus sofrimentos de modo a suportarem sua doença com resignação, sem perder a fé, a esperança e o amor.

Confiantes na tua intercessão, pedimos a Deus, nosso Pai, que nos conceda esta graça que agora te apresentamos (*fazer o pedido*). E que um dia, curados de todas as doenças, físicas e espirituais, possamos gozar da vida eterna na glória do céu. Por Cristo, nosso Senhor. Amém.

Ave-Maria, Pai-Nosso, Glória.

Invocações a São Roque

São Roque, fortalece-nos no sofrimento.
São Roque, protege-nos das pestes e epidemias.
São Roque, defende-nos na doença.
São Roque, livra-nos de todo mal.
São Roque, roga por nós.
Amém.

SEGUNDO DIA

As pessoas enfermas que amamos

Saudação inicial

Haja entre vós o mesmo sentir e pensar que no Cristo Jesus (Fl 2,5).

Em nome do Pai, do Filho e do Espírito Santo. Amém.

Leitura bíblica

Jesus passou novamente para a outra margem, e uma grande multidão se ajuntou ao seu redor. Ele estava à beira-mar. Veio então um dos chefes da sinagoga, chamado Jairo. Vendo Jesus, caiu-lhe aos pés e suplicava-lhe insistentemente: "Minha filhinha está nas últimas. Vem, impõe as mãos sobre ela para que fique curada e viva!" (Mc 5,21-23).

Recordação da vida

Neste momento da sua oração, faça memória das pessoas doentes para as quais você deseja pedir a intercessão de São Roque, dizendo: Ó Senhor! Se for da vossa vontade, pela intercessão de São Roque, restituí a saúde desse(a) nosso(a) irmão(ã) que sofre (*dizer o nome*). Amém!

Reflexão

São Roque, ao perder os pais, experimentou a dor da separação daqueles que ele amava. Mas, mesmo sendo filho único, não se sentiu abandonado por Deus.

- Em nossa vida, uma separação, seja por morte, seja por outra circunstância, é sempre motivo de dor.
- Como você se coloca diante do sofrimento: enfrenta-o com fé ou esmorece?

Oração a São Roque

(*Para pedir a cura das enfermidades.*)

Ó glorioso São Roque, tu que dedicaste a vida ao cuidado das vítimas da peste, alcança-nos de Cristo a graça de seguir o teu exemplo na assistência aos irmãos que padecem, para que, assim como tu fizeste, nós possamos cuidar dos irmãos que sofrem servindo-os sempre com amor e generosidade.

Rogamos a ti que auxilies os que estão acometidos por alguma enfermidade (*nome da pessoa doente*) em sua busca por um tratamento digno. Ilumina os médicos no acompanhamento dos doentes, a fim de que não tratem somente a doença, mas acompanhem a pessoa integralmente com dignidade e respeito. São Roque, protege os doentes e alivia os seus sofrimentos de modo a suportarem sua doença com resignação, sem perder a fé, a esperança e o amor.

Confiantes na tua intercessão, pedimos a Deus, nosso Pai, que nos conceda esta graça que agora te apresentamos (*fazer o pedido*). E que um dia, curados de todas as doenças, físicas e espirituais, possamos gozar da vida eterna na glória do céu. Por Cristo, nosso Senhor. Amém.

Ave-Maria, Pai-Nosso, Glória.

Invocações a São Roque

São Roque, fortalece-nos no sofrimento.

São Roque, protege-nos das pestes e epidemias.

São Roque, defende-nos na doença.

São Roque, livra-nos de todo mal.

São Roque, roga por nós.

Amém.

TERCEIRO DIA
Desapego dos bens materiais

Saudação inicial

É Deus que produz em vós tanto o querer como o fazer, conforme o seu agrado (Fl 2,13).

Em nome do Pai, do Filho e do Espírito Santo. Amém.

Leitura bíblica

Havia um homem, coxo de nascença, que todos os dias era colocado na porta do templo chamada Formosa, para pedir esmolas aos que entravam. Quando viu Pedro e João entrarem no templo, o homem pediu uma esmola. Pedro, com João, olhou bem para ele e disse: "Olha para nós!" O homem ficou olhando para eles, esperando receber alguma coisa. Pedro, então, disse: "Não tenho ouro nem prata, mas o que tenho eu te dou: em nome de Jesus Cristo, o Nazareno, levanta-te e anda!" E tomando-o pela mão direita, Pedro o levantou (At 3,2-7).

Recordação da vida

Neste momento da sua oração, faça memória das pessoas doentes para as quais você deseja pedir a intercessão de São Roque, dizendo: Ó Senhor! Se for da vossa vontade, pela intercessão de São Roque, restituí a saúde desse(a) nosso(a) irmão(ã) que sofre (*dizer o nome*). Amém!

Reflexão

São Roque, para dedicar-se ao cuidado dos doentes, não se apegou à sua herança e repartiu os seus bens com os pobres.

- Enchemos a nossa vida com muitas coisas que nos impedem de enxergar as necessidades das pessoas.

- A quais coisas ou situações você precisa renunciar?

Oração a São Roque

(*Para pedir a cura das enfermidades.*)

Ó glorioso São Roque, tu que dedicaste a vida ao cuidado das vítimas da peste, alcança-nos de Cristo a graça de seguir o teu exemplo na assistência aos irmãos que padecem, para que, assim como tu fizeste, nós possamos cuidar dos irmãos que sofrem servindo-os sempre com amor e generosidade.

Rogamos a ti que auxilies os que estão acometidos por alguma enfermidade (*nome da pessoa doente*) em sua busca por um tratamento digno. Ilumina os médicos no acompanhamento dos doentes, a fim de que não tratem somente a doença, mas acompanhem a pessoa integralmente com dignidade e respeito. São Roque, protege os doentes e alivia os seus sofrimentos de modo a suportarem sua doença com resignação, sem perder a fé, a esperança e o amor.

Confiantes na tua intercessão, pedimos a Deus, nosso Pai, que nos conceda esta graça que agora te apresentamos (*fazer o pedido*). E que um dia, curados de todas as doenças, físicas e espirituais, possamos gozar da vida eterna na glória do céu. Por Cristo, nosso Senhor. Amém.

Ave-Maria, Pai-Nosso, Glória.

Invocações a São Roque

São Roque, fortalece-nos no sofrimento.

São Roque, protege-nos das pestes e epidemias.

São Roque, defende-nos na doença.

São Roque, livra-nos de todo mal.

São Roque, roga por nós.

Amém.

QUARTO DIA
Caminhar para encontrar a Deus

Saudação inicial

Esquecendo o que fica para trás, lanço-me para o que está à frente (Fl 3,13).

Em nome do Pai, do Filho e do Espírito Santo. Amém.

Leitura bíblica

Jesus estava para entrar num povoado quando dez leprosos vieram ao seu encontro. Pararam a certa distância e gritaram: "Jesus, Mestre, tem compaixão de nós!" Ao vê-los, Jesus disse: "Ide apresentar-vos aos sacerdotes". Enquanto estavam a caminho, aconteceu que ficaram curados. Um deles, ao perceber que estava curado, voltou glorificando a Deus em alta voz;

prostrou-se aos pés de Jesus e lhe agradeceu (Lc 17,12-16).

Recordação da vida

Neste momento da sua oração, faça memória das pessoas doentes para as quais você deseja pedir a intercessão de São Roque, dizendo: Ó Senhor! Se for da vossa vontade, pela intercessão de São Roque, restituí a saúde desse(a) nosso(a) irmão(ã) que sofre (*dizer o nome*). Amém!

Reflexão

São Roque se pôs a caminhar em busca de uma experiência com Deus. Ao longo de sua peregrinação até Roma, descobriu o grande sentido de sua vida através do serviço caridoso aos doentes.

- Às vezes, passamos a vida inteira desejando encontrar-nos com Deus e não olhamos para o próximo.

- O que o impede de ver nas pessoas sofredoras, próximas ou não, o rosto de Cristo?

Oração a São Roque

(Para pedir a cura das enfermidades.)

Ó glorioso São Roque, tu que dedicaste a vida ao cuidado das vítimas da peste, alcança-nos de Cristo a graça de seguir o teu exemplo na assistência aos irmãos que padecem, para que, assim como tu fizeste, nós possamos cuidar dos irmãos que sofrem servindo-os sempre com amor e generosidade.

Rogamos a ti que auxilies os que estão acometidos por alguma enfermidade *(nome da pessoa doente)* em sua busca por um tratamento digno. Ilumina os médicos no acompanhamento dos doentes, a fim de que não tratem somente a doença, mas acompanhem a pessoa integralmente com dignidade e respeito.

São Roque, protege os doentes e alivia os seus sofrimentos de modo a suportarem sua doença com resignação, sem perder a fé, a esperança e o amor.

Confiantes na tua intercessão, pedimos a Deus, nosso Pai, que nos conceda esta graça que agora te apresentamos (*fazer o pedido*). E que um dia, curados de todas as doenças, físicas e espirituais, possamos gozar da vida eterna na glória do céu. Por Cristo, nosso Senhor. Amém.

Ave-Maria, Pai-Nosso, Glória.

Invocações a São Roque

São Roque, fortalece-nos no sofrimento.

São Roque, protege-nos das pestes e epidemias.

São Roque, defende-nos na doença.

São Roque, livra-nos de todo mal.

São Roque, roga por nós.

Amém.

QUINTO DIA
Cuidar dos que sofrem

Saudação inicial

Tudo posso naquele que me dá força (Fl 4,13).

Em nome do Pai, do Filho e do Espírito Santo. Amém.

Leitura bíblica

Jesus e os discípulos foram para Genesaré e logo que desceram do barco as pessoas reconheceram Jesus. Percorriam toda a região e começaram a levar os doentes, deitados em suas macas, para o lugar onde ouviam falar que Jesus estava. E, em toda parte onde chegava, povoados, cidades ou sítios do campo, traziam os doentes para as praças e suplicavam-lhe para que pudessem ao menos tocar a franja de seu manto. E todos os que tocavam ficavam curados (Mc 6,53-56).

Recordação da vida

Neste momento da sua oração, faça memória das pessoas doentes para as quais você deseja pedir a intercessão de São Roque, dizendo: Ó Senhor! Se for da vossa vontade, pela intercessão de São Roque, restituí a saúde desse(a) nosso(a) irmão(ã) que sofre (*dizer o nome*). Amém!

Reflexão

São Roque atravessou várias cidades e, por onde passou, cuidou das vítimas da peste.

- Na doença as pessoas se encontram fragilizadas e necessitam não só de tratamento médico e remédio, elas precisam de apoio, amparo e amor.
- Visitar um doente é um gesto de caridade e uma obra de misericórdia,

como nos disse Jesus: "Estive doente e me visitaste" (Mt 25,36).

Oração a São Roque

(*Para pedir a cura das enfermidades.*)

Ó glorioso São Roque, tu que dedicaste a vida ao cuidado das vítimas da peste, alcança-nos de Cristo a graça de seguir o teu exemplo na assistência aos irmãos que padecem, para que, assim como tu fizeste, nós possamos cuidar dos irmãos que sofrem servindo-os sempre com amor e generosidade.

Rogamos a ti que auxilies os que estão acometidos por alguma enfermidade (*nome da pessoa doente*) em sua busca por um tratamento digno. Ilumina os médicos no acompanhamento dos doentes, a fim de que não tratem somente a doença, mas acompanhem a pessoa integralmente com dignidade e respeito. São Roque, protege os doentes e alivia os

seus sofrimentos de modo a suportarem sua doença com resignação, sem perder a fé, a esperança e o amor.

Confiantes na tua intercessão, pedimos a Deus, nosso Pai, que nos conceda esta graça que agora te apresentamos (*fazer o pedido*). E que um dia, curados de todas as doenças, físicas e espirituais, possamos gozar da vida eterna na glória do céu. Por Cristo, nosso Senhor. Amém.

Ave-Maria, Pai-Nosso, Glória.

Invocações a São Roque

São Roque, fortalece-nos no sofrimento.
São Roque, protege-nos das pestes e epidemias.
São Roque, defende-nos na doença.
São Roque, livra-nos de todo mal.
São Roque, roga por nós.
Amém.

SEXTO DIA
Resignação na enfermidade

Saudação inicial

A vós foi concedida a graça, não só de crer em Cristo, mas também de sofrer por ele (Fl 1,29).

Em nome do Pai, do Filho e do Espírito Santo. Amém.

Leitura bíblica

Havia um doente, Lázaro, de Betânia, do povoado de Marta e de Maria, sua irmã. (Maria é aquela que ungiu o Senhor com perfume e enxugou seus pés com os cabelos. Lázaro, seu irmão, é quem estava doente.) As irmãs mandaram avisar Jesus: "Senhor, aquele que amas está doente". Ouvindo isso, disse Jesus: "Esta doença não leva à morte, mas é para a glória de

Deus, para que o Filho de Deus seja glorificado por ela" (Jo 11,1-4).

Recordação da vida

Neste momento da sua oração, faça memória das pessoas doentes para as quais você deseja pedir a intercessão de São Roque, dizendo: Ó Senhor! Se for da vossa vontade, pela intercessão de São Roque, restituí a saúde desse(a) nosso(a) irmão(ã) que sofre (*dizer o nome*). Amém!

Reflexão

São Roque, tendo contraído a peste, não se revoltou contra Deus, pelo contrário, sabia que a doença era consequência de sua opção por servir os doentes.

- Quando algo de ruim nos acontece, somos tentados a querer encontrar um culpado, e resistimos a assumir a nossa responsabilidade.

- No sofrimento não é o momento de lastimar-nos e querermos saber de quem é a culpa, mas é ocasião de abrir-nos à graça de Deus que nos vivifica.

Oração a São Roque

(*Para pedir a cura das enfermidades.*)

Ó glorioso São Roque, tu que dedicaste a vida ao cuidado das vítimas da peste, alcança-nos de Cristo a graça de seguir o teu exemplo na assistência aos irmãos que padecem, para que, assim como tu fizeste, nós possamos cuidar dos irmãos que sofrem servindo-os sempre com amor e generosidade.

Rogamos a ti que auxilies os que estão acometidos por alguma enfermidade (*nome da pessoa doente*) em sua busca por um tratamento digno. Ilumina os médicos no acompanhamento dos doentes, a fim de que não tratem somente a doença, mas acompanhem a pessoa integralmente com dignidade e respeito. São Roque, protege os doentes e alivia os seus sofrimentos de modo a suportarem sua doença com resignação, sem perder a fé, a esperança e o amor.

Confiantes na tua intercessão, pedimos a Deus, nosso Pai, que nos conceda esta graça que agora te apresentamos (*fazer o pedido*). E que um dia, curados de todas as doenças, físicas e espirituais, possamos gozar da vida eterna na glória do céu. Por Cristo, nosso Senhor. Amém.

Ave-Maria, Pai-Nosso, Glória.

Invocações a São Roque

São Roque, fortalece-nos no sofrimento.

São Roque, protege-nos das pestes e epidemias.

São Roque, defende-nos na doença.

São Roque, livra-nos de todo mal.

São Roque, roga por nós.

Amém.

SÉTIMO DIA
Confiar na Divina Providência

Saudação inicial

Não vos preocupeis com coisa alguma, mas, em toda ocasião, apresentai a Deus os vossos pedidos, em orações e súplicas, acompanhadas de ação de graças (Fl 4,6).

Em nome do Pai, do Filho e do Espírito Santo. Amém.

Leitura bíblica

Irmãos, alguém dentre vós está sofrendo? Recorra à oração. Alguém está alegre? Entoe hinos. Alguém dentre vós está doente? Mande chamar os presbíteros da Igreja, para que orem sobre ele, ungindo-o com óleo no nome do Senhor. A oração da fé salvará o enfermo, e o Senhor o levantará.

E se tiver cometido pecados, receberá o perdão (Tg 5,13-15).

Recordação da vida

Neste momento da sua oração, faça memória das pessoas doentes para as quais você deseja pedir a intercessão de São Roque, dizendo: Ó Senhor! Se for da vossa vontade, pela intercessão de São Roque, restituí a saúde desse(a) nosso(a) irmão(ã) que sofre (*dizer o nome*). Amém!

Reflexão

São Roque, vitimado pela peste, retirou-se para um lugar isolado e fora da cidade, contudo não esteve sozinho, Deus lhe enviou um cachorro para levar-lhe alimento.

- O sofrimento nos coloca numa situação de instabilidade, no entanto, não devemos deixar de confiar em Deus.

- Qual é a intensidade de sua confiança na Providência de Deus?

Oração a São Roque

(*Para pedir a cura das enfermidades.*)

Ó glorioso São Roque, tu que dedicaste a vida ao cuidado das vítimas da peste, alcança-nos de Cristo a graça de seguir o teu exemplo na assistência aos irmãos que padecem, para que, assim como tu fizeste, nós possamos cuidar dos irmãos que sofrem servindo-os sempre com amor e generosidade.

Rogamos a ti que auxilies os que estão acometidos por alguma enfermidade (*nome da pessoa doente*) em sua busca por um tratamento digno. Ilumina os médicos no acompanhamento dos doentes, a fim de que não tratem somente a doença, mas acompanhem a pessoa integralmente com dignidade e respeito. São Roque, protege os doentes e alivia os

seus sofrimentos de modo a suportarem sua doença com resignação, sem perder a fé, a esperança e o amor.

Confiantes na tua intercessão, pedimos a Deus, nosso Pai, que nos conceda esta graça que agora te apresentamos (*fazer o pedido*). E que um dia, curados de todas as doenças, físicas e espirituais, possamos gozar da vida eterna na glória do céu. Por Cristo, nosso Senhor. Amém.

Ave-Maria, Pai-Nosso, Glória.

Invocações a São Roque

São Roque, fortalece-nos no sofrimento.

São Roque, protege-nos das pestes e epidemias.

São Roque, defende-nos na doença.

São Roque, livra-nos de todo mal.

São Roque, roga por nós.

Amém.

OITAVO DIA
Recuperar a saúde

Saudação inicial

O meu Deus proverá magnificamente, segundo a sua riqueza, no Cristo Jesus, a todas as vossas necessidades (Fl 4,19).

Em nome do Pai, do Filho e do Espírito Santo. Amém.

Leitura bíblica

Os laços da morte me apertavam, eu estava preso nas redes do abismo; tristeza e angústia me oprimiam. Então invoquei o nome do Senhor: "Ó Senhor, salva a minha vida!" O Senhor é clemente e justo, o nosso Deus é misericordioso. O Senhor protege os simples: eu era fraco e ele me salvou. Volta, minha alma, à tua paz, pois o Senhor te fez o bem; ele me libertou da morte, livrou meus olhos das lágrimas, preservou de uma queda meus pés (Sl 116[114+115],3-8).

Recordação da vida

Neste momento da sua oração, faça memória das pessoas doentes para as quais você deseja pedir a intercessão de São Roque, dizendo: Ó Senhor! Se for da vossa vontade, pela intercessão de São Roque, restituí a saúde desse(a) nosso(a) irmão(ã) que sofre (*dizer o nome*). Amém!

Reflexão

São Roque, milagrosamente, recuperou-se da peste que afetou grande parte da população durante a Idade Média.

- Em várias situações da nossa vida, estamos sempre à espera de um milagre.
- Facilmente se perde a fé quando se pensa não ser atendido por Deus.

Entretanto, a verdadeira fé está em pedir que seja feita a vontade dele e não a nossa.

Oração a São Roque

(*Para pedir a cura das enfermidades.*)

Ó glorioso São Roque, tu que dedicaste a vida ao cuidado das vítimas da peste, alcança-nos de Cristo a graça de seguir o teu exemplo na assistência aos irmãos que padecem, para que, assim como tu fizeste, nós possamos cuidar dos irmãos que sofrem servindo-os sempre com amor e generosidade.

Rogamos a ti que auxilies os que estão acometidos por alguma enfermidade (*nome da pessoa doente*) em sua busca por um tratamento digno. Ilumina os médicos no acompanhamento dos doentes, a fim de que não tratem somente a doença, mas acompanhem a pessoa integralmente com dignidade e respeito. São Roque, protege os doentes e alivia os seus sofrimentos de modo a suportarem sua doença com resignação, sem perder a fé, a esperança e o amor.

Confiantes na tua intercessão, pedimos a Deus, nosso Pai, que nos conceda esta graça que agora te apresentamos (*fazer o pedido*). E que um dia, curados de todas as doenças, físicas e espirituais, possamos gozar da vida eterna na glória do céu. Por Cristo, nosso Senhor. Amém.

Ave-Maria, Pai-Nosso, Glória.

Invocações a São Roque

São Roque, fortalece-nos no sofrimento.
São Roque, protege-nos das pestes e epidemias.
São Roque, defende-nos na doença.
São Roque, livra-nos de todo mal.
São Roque, roga por nós.
Amém.

NONO DIA
Glorificar o Senhor com a vida

Saudação inicial

Aquele que começou em vós tão boa obra há de levá-la a bom termo, até o dia do Cristo Jesus (Fl 1,6).

Em nome do Pai, do Filho e do Espírito Santo. Amém.

Leitura bíblica

E para que a grandeza das revelações não me enchesse de orgulho, foi-me dado um espinho na carne, um anjo de Satanás, para me esbofetear, a fim de que eu não me torne orgulhoso. A esse respeito, roguei três vezes ao Senhor que ficasse longe de mim. Mas o Senhor disse-me: "Basta-te a minha graça; pois é na fraqueza que a força se realiza plenamente" (2Cor 12,7-9).

Recordação da vida

Neste momento da sua oração, faça memória das pessoas doentes para as quais você deseja pedir a intercessão de São Roque, dizendo: Ó Senhor! Se for da vossa vontade, pela intercessão de São Roque, restituí a saúde desse(a) nosso(a) irmão(ã) que sofre (*dizer o nome*). Amém!

Reflexão

São Roque, no final de sua vida, foi acusado e preso injustamente, todavia não deixou de ser um fiel discípulo de Jesus até a entrega total de sua vida na prisão.

- Durante uma enfermidade, cultivamos a esperança de alcançar o pleno restabelecimento e nos vermos livres do sofrimento.
- A doença não deve ser vista como uma punição, mas sim como um

verdadeiro *Kairós*, isto é, o tempo de Deus em nossa vida.

Oração a São Roque

(*Para pedir a cura das enfermidades.*)

Ó glorioso São Roque, tu que dedicaste a vida ao cuidado das vítimas da peste, alcança-nos de Cristo a graça de seguir o teu exemplo na assistência aos irmãos que padecem, para que, assim como tu fizeste, nós possamos cuidar dos irmãos que sofrem servindo-os sempre com amor e generosidade.

Rogamos a ti que auxilies os que estão acometidos por alguma enfermidade (*nome da pessoa doente*) em sua busca por um tratamento digno. Ilumina os médicos no acompanhamento dos doentes, a fim de que não tratem somente a doença, mas acompanhem a pessoa integralmente com dignidade e respeito. São Roque, protege os doentes e alivia os

seus sofrimentos de modo a suportarem sua doença com resignação, sem perder a fé, a esperança e o amor.

Confiantes na tua intercessão, pedimos a Deus, nosso Pai, que nos conceda esta graça que agora te apresentamos (*fazer o pedido*). E que um dia, curados de todas as doenças, físicas e espirituais, possamos gozar da vida eterna na glória do céu. Por Cristo, nosso Senhor. Amém.

Ave-Maria, Pai-Nosso, Glória.

Invocações a São Roque

São Roque, fortalece-nos no sofrimento.
São Roque, protege-nos das pestes e epidemias.
São Roque, defende-nos na doença.
São Roque, livra-nos de todo mal.
São Roque, roga por nós.
Amém.

Referência bibliográfica

BRUGADA, Martirià. *São Roque, serviço ao próximo*. São Paulo: Paulinas, 2003.

LOPEZ-MELUS, Rafael María. *El santo de cada dia*. Sevilla: Apostolado Mariano, 1998.

Impresso na gráfica da
Pia Sociedade Filhas de São Paulo
Via Raposo Tavares, km 19,145
05577-300 - São Paulo, SP - Brasil - 2016